は　じ　め　に

　人類は地球上のさまざまな地域に暮らし、それぞれの地理的な条件や気候などの自然環境に合った生活を営んできました。そして、さまざまな文化をはぐくみ、受けついできました。日本の各地で、それぞれに特ちょうのある生活のしかたや文化が見られますが、沖縄では特に他の地域とは異なる面が見られます。それは、地理的条件や自然環境が異なることにもよりますが、それらに加えて、歴史的な歩みが独自だったことも関係しています。

　かつて沖縄は琉球王国という独立した国でした。日本の本土や中国、東南アジアなど、周辺の国や地域との交流の中でさまざまなえいきょうを受けながら、独自の文化を築きました。日本に組みこまれた後には、人口の4分の1が犠牲になるほどの悲惨な戦争を経て、アメリカの統治下に置かれるという、日本の他の地域とはちがった経験をしています。そのえいきょうは現在も沖縄のさまざまな面に残っています。現在の沖縄は、観光やレジャーに多くの人が訪れますが、その一方で、解決の難しい問題も多くかかえています。ただ、その多くは日本全体がかかえている問題でもあります。その意味で、「沖縄から日本が見える」とも言われているのです。

　このシリーズでは、「沖縄」に視点を置いて、「戦争と平和」を考えていきます。沖縄がどのようなところなのか、どのような歴史を歩んできたのか、今どのような問題があるのか、その解決策は…と考えることで、「戦争のない平和な世界を築くにはどうしたらよいのか」という課題に対する答えを探していきましょう。

　沖縄に暮らす方にとっては、自らが生きる地域についてあらためて考えることになるでしょう。そうでない人にとっても、日本や世界の今を、さらに未来を考えるきっかけになるはずです。

監修者　池上彰

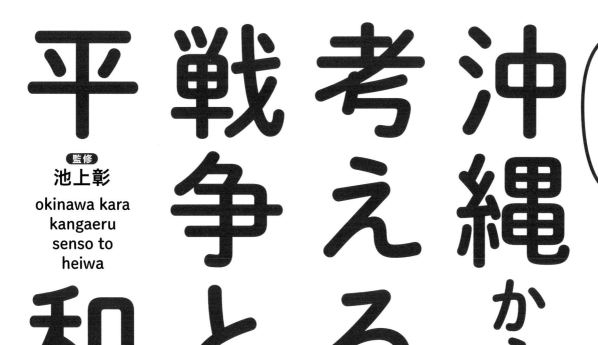

教えて！池上彰さん

沖縄から考える戦争と平和

監修
池上彰
okinawa kara
kangaeru
senso to
heiwa

第1巻

沖縄はどんなところ?
okinawa wa donna tokoro?

もくじ

※この本は、とくに断りのない限り、2024年1月時点の情報にもとづいています。

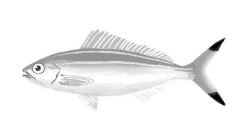

（第3章） # 沖縄の文化

この本
の用語

【沖縄】沖縄県にふくまれる地域。
【沖縄島】沖縄県で最大の島で、那覇市がある。沖縄本島と呼ばれることもある。
【南西諸島】九州より南で、台湾より北西の島々。鹿児島県と沖縄県にまたがる。
【琉球諸島】沖縄島から波照間島まで（尖閣諸島をふくむ）の島々（大東諸島を除く沖縄県全域）。南西諸島の一部。
【沖縄諸島】沖縄島から慶良間諸島までの島々。南西諸島の一部で、琉球諸島の一部でもある。
【先島諸島】宮古島から波照間島まで（尖閣諸島をふくむ）の島々。南西諸島の一部で、琉球諸島の一部でもある。
【琉球王国】15世紀半ばから19世紀後半まであった琉球諸島を中心とする国。その範囲は時代によって異なる。

沖縄を調べよう！

沖縄ってどんなところなんだろう。
ハルトとアキといっしょに沖縄を知る旅に出発だ！

わあ、きれいな海!

砂浜もきれい
だね。

ハルト

アキ

どこの海
なんだろう？

日本じゃない
みたいだね。

フフフ…
ここは…。

日本の
沖縄の
海だよ。

ばーん

わ!
池上さん!

沖縄って、日本の
南西にある
あの沖縄?

沖縄の位置と面積

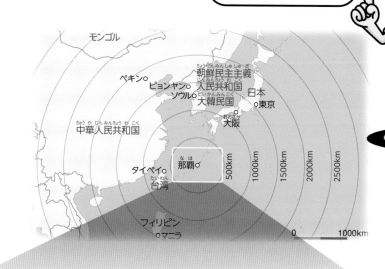

沖縄がどこにあるか知っているかな?

日本の南西に位置する

　沖縄は、日本の南西に位置します。沖縄島のほか、石垣島、西表島など、大小多数の島が広大な海に広がっています。

　沖縄県は、すべて海で囲まれ、陸路でほかの県に行けません。最も近い都道府県は鹿児島県です。沖縄県の県庁所在地は那覇市で、東京と約1554kmはなれています。

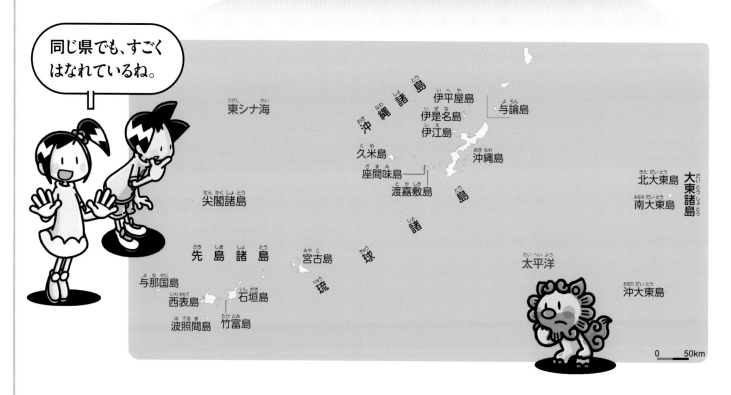

同じ県でも、すごくはなれているね。

海に広がる島々

　沖縄県の面積は約2281km²で、香川県、大阪府、東京都についで、全国で4番目に小さい都道府県です。しかし、東西約1000km、南北約400kmもの広い範囲に多くの島が点在しています。

　海をふくめた沖縄県の範囲は、九州と四国、そして本州の半分程度に当たるほどです。

沖縄県の範囲を九州〜本州に重ねた地図。

日本最西端の地

沖縄の西端にある与那国島は、日本の国土で最も西に位置します。日本最西端の場所からは、台湾までわずか約110kmで、晴れた日にはおたがいの島かげが見えます。

与那国島にある「日本最西端之碑」。

©OCVB

外国とも近い位置にある

沖縄は、台湾や中国本土、フィリピンなどの外国とも近い位置にあります。このような地理的な特ちょうが、沖縄の歴史や文化に大きなえいきょうをおよぼしてきました。

また、現代の沖縄がかかえる問題の原因のひとつにもなっています。

那覇市からは、東京よりもシャンハイのほうが近いよ。

沖縄の島の面積ランキング

沖縄にはたくさんの島があります。面積の順に並べると、以下のようになります。

1 沖縄島
2 西表島
3 石垣島
4 宮古島
5 久米島
6 南大東島
7 伊良部島
8 与那国島
9 伊江島
10 伊平屋島

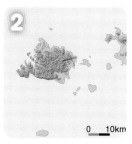

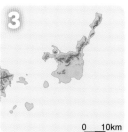
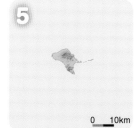

沖縄の主な島々と都市

県庁所在地の那覇市がある沖縄島

　沖縄島は、沖縄県の県庁所在地である那覇市がある沖縄最大の島です。沖縄本島とも呼ばれます。日本全体の中でも本州などの本土の4島、択捉島（北海道）、国後島（北海道）につぐ7番目に面積が広い島です。

　細長い形をしており、南部には那覇市や糸満市などがあり、人口も多い地域です。中部には、沖縄市や浦添市、宜野湾市などがあり、アメリカ軍の施設が多い地域です。北部は国頭地区、山原（やんばる）とも呼ばれ、豊かな自然が残ります。

那覇市は島の中心よりもかなり南のほうにあるね。

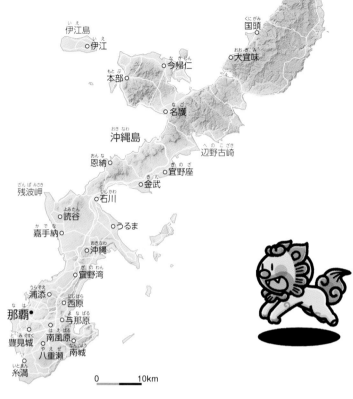

沖縄最大の都市、那覇市

　沖縄島南部にある那覇市は、沖縄最大の都市です。人口は約31万人（2023年）ですが、市の面積はせまく、人口密度の高さは日本の都道府県庁所在地の中でもトップレベルです。約1.6kmにわたって続く国際通りが市の中央を通り、多くの商店が連なり、一年中観光客でにぎわっています。

住宅やビルが密集する那覇市の市街地。

©OCVB

観光客でにぎわう国際通り。

朝日新聞社／Cynet Photo

多くの商店が集まる牧志の公設市場。

沖縄タイムス

豊かな自然が残る西表島

沖縄で2番目に広い西表島は、そのほとんどが原生林におおわれた山地です。人が住む集落も少なく、空港もありません。川の河口や海岸には、マングローブという熱帯地方に多い植物が広がっています。この島にしかいないイリオモテヤマネコ（14ページ）など、めずらしい生物も豊富です。

©PIXTA

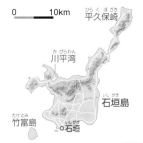
©OCVB
古い時代のネコの特ちょうを残すイリオモテヤマネコ。

西表島の河口や海岸に見られるマングローブ。気根という根をのばしている。

観光の島、石垣島

3番目に広い石垣島は、沖縄島から約400km南西に位置し、飛行機などで行き来できます。北部には美しいビーチで知られる川平湾、中央部に鍾乳洞など、観光スポットがあります。また、スキューバダイビングなどのマリンレジャーを楽しむために、観光客が多く訪れます。毎年、トライアスロンの大会が開催されています。

©OCVB

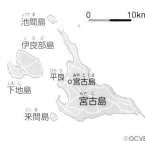
©PIXTA
石垣島の鍾乳洞。

川平湾。海中を見られる観光船がある。

サトウキビ畑が広がる宮古島

石垣島に次ぐ面積の宮古島は、島全体が平らで、高い山やはばの広い川はありません。近くにある池間島や伊良部島、来間島とは橋でつながっています。伊良部島とを結ぶ伊良部大橋は、全長3540mもあり、無料で通行できる橋では日本最長です。サトウキビの栽培は、島の重要な産業です。

©PIXTA

©OCVB
伊良部大橋。

宮古島のサトウキビ畑。

まだまだ多くの島があるんだよ。

沖縄の地形・地質

南北で地形の特ちょうがちがう沖縄島

沖縄島の地形は、北部と中南部で分けることができます。

北部は山地が多く、最北端の辺戸岬から石川付近まで山の尾根が続きます。これらの土地は、古い時代に海に積もった土砂からできています。

いっぽう、中南部にはあまり高い地形は見られず、台形をした低い土地が続いています。これらの土地は、サンゴの死がいがもとになった石灰岩や、アジア大陸から運ばれた砂やどろが積もったもので、北部より新しい地質です。

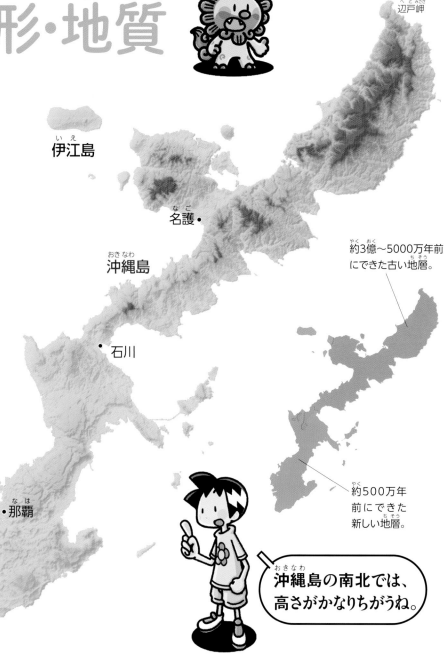

辺戸岬

伊江島

名護

沖縄島

石川

那覇

約3億～5000万年前にできた古い地層。

約500万年前にできた新しい地層。

沖縄島の南北では、高さがかなりちがうね。

沖縄の最高峰は石垣島に

沖縄県で最も高い山は、石垣島にある於茂登岳で、標高526mです。ふもとからは、於茂登岳全体の姿がよく見えます。沖縄最高峰とはいえ、それほど高くはないので、地元の人がよく登山を楽しんでいます。

沖縄島で最も高いのは、北部の国頭村にある与那覇岳で、標高503m。沖縄県全体でも於茂登岳に次いで2番目の高さです。

沖縄県で最も高い於茂登岳。

©PIXTA

©OCVB

琉球石灰岩が海水でけずられてできた地形。沖縄島の万座毛にある。

サンゴがつくった石灰岩の地形

　沖縄の各地で見られる石灰岩の地層は、海の生き物であるサンゴなどの死がいが長い年月をかけて積もったものです。沖縄では、琉球石灰岩と呼ばれる石灰岩が広く見られます。

　石灰岩は雨などの水でとけやすく、各地で石灰岩がとかされてできた地形や鍾乳洞などが見られます。

沖縄に行ったら探してみよう!

沖縄島の玉泉洞。石灰岩がとけてできた鍾乳洞で、観光地になっている。

おきなわワールド

©PIXTA

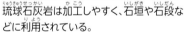

©PIXTA

琉球石灰岩は加工しやすく、石垣や石段などに利用されている。

短い川が多い

　面積の小さい島が多い沖縄には、長い川はありません。多くの川は5〜10km程度で、数百メートルしかない川も見られます。最も長い川は沖縄島中部の比謝川で、約16kmです。

　宮古島は、島全体が琉球石灰岩でできており、雨が降ってもすぐにしみこんでしまうため、川らしい川は見られません。

沖縄で最も長い比謝川。沖縄市、嘉手納町など、5つの市町村を通っている。

嘉手納町観光協会

11

沖縄の気候

亜熱帯気候の沖縄

沖縄は、日本列島の南西に位置するとともに、近くを暖かい海流の黒潮（日本海流）が流れているため、一年を通じて温暖です。また、降水量が多く、湿度の高い気候です。

気候の分類では、亜熱帯気候とされます。

日本で亜熱帯気候の地域は、沖縄のほかに、小笠原諸島があるよ。

沖縄の近くを流れる海流。

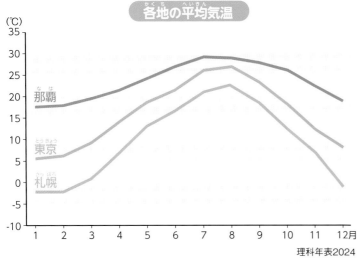

各地の平均気温

理科年表2024

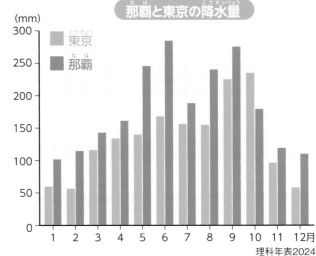

那覇と東京の降水量

理科年表2024

3月から海水浴ができる!?

暖かい気候の沖縄では、3月には各地で海水浴ができるようになります。本土での海水浴シーズンは、7〜8月が多いですが、沖縄では3月下旬ごろから10月ごろまでの7〜8か月間、海水浴ができます。

3月に行われる沖縄の海開きの様子。

小早川渉/アフロ

沖縄の1年の気候

暖かい沖縄は、季節の移り変わりが、本土の地域とはちがいます。

1月下旬には、ヒガンザクラがさき、2月には八重山諸島でウグイスが鳴きます。4月には初夏の気候となり、5月の連休過ぎからは梅雨に入ります。梅雨明けは6月後半ごろで、その後は厳しい暑さが続きます。10月になるとようやくすずしくなり、やがて短い冬をむかえます。

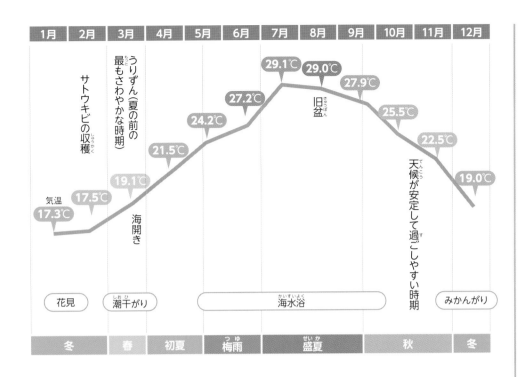

1月	2月	3月	4月	5月	6月	7月	8月	9月	10月	11月	12月

気温 17.3℃ 17.5℃ 19.1℃ 21.5℃ 24.2℃ 27.2℃ 29.1℃ 29.0℃ 27.9℃ 25.5℃ 22.5℃ 19.0℃

サトウキビの収穫

うりずん(夏の前の最もさわやかな時期)

海開き

旧盆

天候が安定して過ごしやすい時期

花見　潮干がり　海水浴　みかんがり

冬	春	初夏	梅雨	盛夏	秋	冬

台風の被害を受けやすい

沖縄は、台風の通り道に当たることから、6〜10月の間に多いときには7〜8回も台風が接近します。勢力を強めつつある台風が近づくことが多く、強い風雨が続き、大きな被害が出ることもあります。

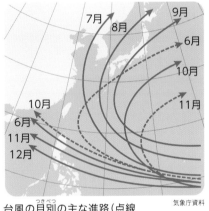

台風の月別の主な進路(点線は、実線に準ずる進路)。

気象庁資料

沖縄に雪は降る?

年間を通じて暖かい沖縄では、雪はなじみのないもののように思われますが、気象の観測が始まって以来、2回だけ雪を記録したことがあります。1回目は1977年に久米島で、2回目は39年後の2016年に久米島と沖縄島の名護市でのことで、いずれもみぞれでした。

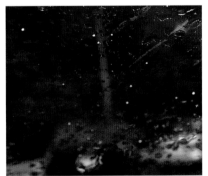

2016年の名護市での降雪。

沖縄タイムス

台風の被害の様子。

朝日新聞社／Cynet Photo

強風でたおれたんだね。

沖縄の動物…❶

沖縄の中でも特にめずらしい生物が多い西表島。

独特の動物がすむ沖縄

沖縄の島々の多くは、大昔にアジア大陸や日本列島と陸続きだったため、さまざまな生き物が移りすみました。しかし、その後、気候の変化や地殻の動きなどによって大陸や日本列島とは海でへだてられ、沖縄の生き物は、独自の進化をとげました。現在の沖縄は、その土地でしか見られない多くの生き物がくらす場所となりました。このことから、沖縄は「生物の宝庫」、「東洋のガラパゴス」とも呼ばれます。

©OCVB

哺乳類

イリオモテヤマネコ
体長約50〜60cm。世界で西表島だけにすむ。山のふもとから海岸にかけてくらし、主に夜活動する。1965年に発見された。現在は約100頭しかいないと考えられている。

めったに見ることができない動物たちだよ。

ヤンバル ホオヒゲコウモリ
体重約5gの小型のコウモリ。沖縄島、奄美大島などにすむ。森林にある木のほらなどでくらしている。1996年に初めて発見され、2018年に22年ぶりに見つかった。

©OCVB

ケナガネズミ
体長約20〜30cmだが、尾は太く、長さ25〜35cmと、体より長い。日本のネズミの中で最も大きい。昼間は大木のうろにいて、夕方から活動を始める。

飯島 正広/アフロ

飯島 正広/アフロ

<ruby>鳥類<rt>ちょうるい</rt></ruby>

ヤンバルクイナ

全長約30cm。世界で沖縄島北部だけにすむ。1981年に発見された。顔が黒く、目の後ろに白い模様がある。地上を歩いて小動物などを食べる。

©PIXTA

飛べない鳥なんだって。

ノグチゲラ

全長30cm、つばさを広げた長さ15〜17cmのキツツキの仲間。沖縄島北部のやんばるだけにすむ。直径20cm以上の大木に穴を開けて巣をつくる。近年は数が減っている。

©OCVB

ホントウアカヒゲ

全長14cm。おすは頭から背、尾、つばさの上側がだいだいがかった赤色。顔の下半分から胸は黒色、腹は白色。沖縄島北部で見られる。森林にすみ、木のほら、がけのくぼみなどに巣をつくる。

山口 喜盛/アフロ

リュウキュウサンショウクイ

全長20cm。もともと沖縄や奄美大島などの南西諸島の鳥だが、すむ範囲を北に広げている。現在は本州、四国、九州でもまれに見られる。

山口 喜盛/アフロ

絶滅した？リュウキュウカラスバト

沖縄島のほか、大東島などにいたハトの仲間。1936年を最後に見つかっておらず、絶滅したと考えられている。

ALBUM/アフロ

15

沖縄の動物…❷

爬虫類
両生類

木登りが
上手そうだね。

ヤエヤマセマルハコガメ
こうらの長さ17cm前後。日本では石垣島と西表島だけにすむ。こうらがドームのように盛り上がっている。頭の両側はあざやかな黄色をしている。森林にくらし、昼間活動して木の実、昆虫、ミミズなどを食べる。
©PIXTA

**オキナワ
キノボリトカゲ**
全長20〜30cmほど。沖縄の主な島々と奄美諸島にすむ。尾が長く、頭からあしのつけ根までの長さの1.8〜2.6倍もある。森の木で見られることが多い。森林のほか、家の近くでも見られる。
©OCVB

オキナワイシカワガエル ↓
体長約10cm。沖縄島北部のみにすむ。奄美大島にも同じ種類がいると思われていたが別種のアマミイシカワガエルとされた。めすがおすより大きい。山地のきれいな川の近くにすむ。

シリケンイモリ
全長10〜17cm。沖縄諸島と奄美諸島にすむ。平地から山地の池や水たまり、沢の源流などに集団で見られる。ペットにするためにとらえられたことなどが原因で数が減っている。
©PIXTA

©PIXTA

魚類

ナンヨウマンタ
体の横はばが4mにもなり、エイの仲間では最大級。オニイトマキエイと同じ種とされていたが、近年別種に分けられた。サンゴ礁のある浅瀬でも見かけられる。

国営沖縄記念公園（海洋博公園）：沖縄美ら海水族館

国営沖縄記念公園
（海洋博公園）：
沖縄美ら海水族館

タカサゴ（グルクン）↑
全長約30cm。水中にいるときは青く見えるが、夜間や水あげされたときは体色が赤に変わる。沖縄ではよく見られる魚で、沖縄県の県魚に指定されている。食用になる。

©OCVB

ヤンバル
テナガコガネ

体長約5〜6cm。日本最大の甲虫(カブトムシやクワガタムシの仲間)。沖縄島北部のやんばる地域だけにすむ。1983年に発見された。

Rod Williams/Shutterstock.com

橿原市昆虫館

ツダナナフシの卵。

橿原市昆虫館

ツダナナフシ↑

体長おす8〜9cm、めす10〜12cm。日本では宮古島、石垣島、西表島だけにすむ。卵が厚い殻に包まれ、海にうかんでいても幼虫がかえることができる。刺激を受けると、前あしのつけ根からハッカのようなにおいの白い液体を飛ばして身を守る。

ヨナグニサン←

羽を広げた長さ12〜13cmのガの仲間。最大で24〜27cmにもなる、世界最大級の昆虫。日本では石垣島、西表島、与那国島だけにすむ。成虫は口がなく、幼虫時代にたくわえた栄養で1週間ほど生きる。

昆虫類

絶滅が心配されているものも多いよ。

その他

国営沖縄記念公園(海洋博公園):沖縄美ら海水族館

サラサバテイ←

殻の高さ13cm前後の巻き貝。タカセガイともいう。殻がとてもかたく重い。殻の表面に筋が見られる。昔は貝殻ボタンの材料になった。沖縄では食用になる。

シラヒゲウニ→

直径10cmくらいのウニの仲間。白やオレンジ色の長さ1cmほどの短いとげがある。暖かい海にすむ。沖縄では食用になる。近年は個体数が激減している。

国営沖縄記念公園(海洋博公園):沖縄美ら海水族館

サンゴ礁の海

沖縄の島々の周囲には、サンゴ礁が広がっている。サンゴは、クラゲやイソギンチャクなどに近い動物で、たくさん集まってくらしている。サンゴや貝などの死がいが積もってできたものがサンゴ礁で、小魚など、多くの生き物のすみかや産卵場所になっている。

©OCVB

沖縄の植物

暖かい気候に合った豊富な植物

　沖縄の島々は広い範囲に点在し、それぞれの島に山地や海岸など、独特な自然環境が見られます。温暖で湿度の高い亜熱帯気候で、年間を通じて雨が多く、その気候に合った植物が豊富で、沖縄だけでしか見られない種類も多くあります。

沖縄島北部のやんばるの森。亜熱帯気候が豊かな森を育てた。

©PIXTA

©OCVB

©PIXTA

イタジイ(スダジイ)
ブナ科。高さ15〜20mになり、秋にはドングリができる。やんばるの森で、最もよく見られる樹木。

オキナワウラジロガシ
ブナ科。高さ10m以上に成長する。枝が黒いのが特ちょう。大きなドングリができる。

イジュ
ツバキ科。梅雨の時期に花が満開になる。花びらが白く、おしべが黄色いのが特ちょうで、よいかおりがする。樹皮に毒がある。

オキナワウラジロガシのドングリ。

やんばるの森では1000種類以上の植物が見られるよ。

©PIXTA

河口近くで見られる
マングローブ

マングローブとは、大きな川の河口付近で、川の水と海水が混ざりあう場所に見られる植物のことです。どろの中に根をはって酸素をとり入れる気根や、はばの広い板根などをもつものなど、世界では100種類以上もあります。

©PIXTA

西表島のマングローブ植物。幹から気根という根を出しているヤエヤマヒルギ。

©PIXTA

オヒルギ
ヒルギ科。高さ10m前後になる。マングローブ林の内陸によく見られる。赤い花びらをつけているように見えるが、赤い部分は「がく」。

©PIXTA

サキシマスオウノキ
アオギリ科。高さ15〜20m。板状の板根が地面に出ており、木を支えている。種が水にうかんで流れていき、生息範囲を広げる。

沖縄でよく見られる植物

沖縄には、もともと生息していた植物に加え、よそから持ちこまれた植物も多数見られます。これらの植物により、私たちがイメージする、沖縄らしい風景がつくられています。

©OCVB
©OCVB

デイゴ
マメ科。高さが10mをこえることもある。3〜5月に赤い花をさかせる。沖縄県の県花。

©PIXTA

アダン
タコノキ科。高さ3〜5m。海岸近くに生息し、パイナップルに似た実をつける。実は食べられない。

沖縄の世界自然遺産

独特で多様な生物が見られる地域

2021年7月に「奄美大島、徳之島、沖縄島北部及び西表島」の4万ヘクタール以上におよぶ地域が世界自然遺産に登録されました。そのうち、沖縄県北部と西表島が沖縄県にふくまれます。

絶滅危惧種やこの地域にしかいない固有種をふくむ多くの生き物が生育し、世界的にも多様な生物が見られる場所です。

奄美大島

徳之島

沖縄島北部

世界自然遺産とは?
人類共有の価値ある自然や文化財としてユネスコが登録する世界遺産のうち、自然に関係するもの。

西表島

奄美大島と徳之島は、鹿児島県の島だよ。

沖縄島北部のやんばるの森

世界自然遺産の地域のひとつ、沖縄島北部は、日本で最大級の亜熱帯多雨林が広がり、「やんばる」と呼ばれます。ヤンバルクイナ、ノグチゲラなど、この地域だけにすむ動物をはじめ、多様な生物が見られます。

やんばるの森には、木々がしげり、豊かな自然が見られる。

©OCVB

ジャングルが広がる西表島

沖縄県で2番目に広い西表島は、島の90%が亜熱帯のジャングルで、豊かな自然が息づいています。国内最大のマングローブや、ここだけにすむイリオモテヤマネコなど、独自の自然の姿が見られます。

西表島には、島全体に原生林が広がる。日本の最後の秘境ともいわれる。

©OCVB

沖縄の自然公園

自然の風景地を保護し、その利用の増進を図るために、国立公園、国定公園、都道府県立自然公園が指定されています。沖縄には、9か所の自然公園があります。

西表石垣国立公園
日本最南端の国立公園。亜熱帯の森林やマングローブ、サンゴ礁などが見られる。

慶良間諸島国立公園
多様なサンゴ礁が集まる海に、ザトウクジラなどの動物が見られる。

やんばる国立公園
ここだけでしか見られない動植物のほか、石灰岩が海の波でけずられたがけなどが見られる。

沖縄海岸国定公園
沖縄島北西の海岸沿いの地域。海の波にけずられたがけやサンゴ礁など、変化に富む海岸線が続く。

沖縄戦跡国定公園
沖縄島南部の、第二次世界大戦で戦闘が行われた地域。

岡田光司/アフロ

慶良間諸島付近でのホエールウォッチング。

©OCVB

久米島の畳石。

渡名喜島の岩かべ。

渡名喜村

久米島県立自然公園
久米島のほぼ全域と周辺の海。カメのこうらのような岩が見られる畳石などがある。

伊良部県立自然公園
伊良部島と下地島のほぼ全域とその周辺の海。下地島では、鍾乳洞がくずれてできた大小の池が見られる。

渡名喜県立自然公園
渡名喜島のほぼ全域とその周辺の海。びょうぶのように切り立つ岩かべなどの風景が見られる。

多良間県立自然公園
多良間島と水納島のほぼ全域とその周辺の海。大木がしげる豊かな森林などが見られる。

日本と中国のはざまで

琉球王国の文化が残る

　沖縄は、地理的には日本の本土だけでなく中国大陸にも近い位置にあります。明治時代初期までは、琉球王国という独立した国で、日本や中国、東南アジアとの交流がありました。そのため、日本や中国などの文化を取り入れながらも、独自の文化をはぐくんできました。今も琉球王国時代から受けつがれてきた文化が見られます。

　また、第二次世界大戦後にアメリカが統治していた時期もあるため、アメリカの文化も多く取り入れられました。

　多様な国々のえいきょうが見られるのが、沖縄文化の特ちょうのひとつといえます。

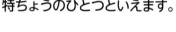

中国

東南アジア

日本

アメリカ

中国

沖縄(琉球)
伝統的な衣装は、日本と中国のえいきょうを受けている。

©PIXTA

日本

©PIXTA

沖縄に伝わった中国文化

屋根や門柱の上に置かれるシーサー。家の守り神とされる。

沖縄の文化には、中国由来のものが多く見られます。琉球王国の宮殿だった首里城などの建築、こま犬に似たシーサー、道の曲がり角に置かれた「石敢当（當）」と書かれた石碑などはその例です。ほかに、琉球船や楽器の三線、チャンプルーと呼ばれる料理、豚を食べる習慣などは、中国から伝わったものです。

沖縄特有のものだね。

©OCVB

十字路などに置かれている石標。魔よけの意味を持つ。古代中国で行われていた習慣が伝わったもの。

©OCVB

伝統的な船でレースをするハーリーという行事で使われる琉球船は、中国の様式を持つ。

©OCVB

沖縄で感じるアメリカ文化

沖縄には、伝統的な琉球王国時代の文化とは別に、アメリカのえいきょうを強く感じさせる側面もあります。アメリカの品物をあつかう店が見られるほか、ステーキ店が多いことや、タコライス（メキシコのタコスをもとにした料理）をよく食べることも例としてあげられます。

これらは、戦後アメリカの統治下にあったことや、現在もアメリカ軍基地が多いことが関係しています。

タコライス。

©PIXTA

沖縄で見られるアメリカふうの店。

©PIXTA

23

沖縄の住まい、年中行事、風習

沖縄の気候に合った住まい

沖縄の気候には、高温多湿で台風が多いという特ちょうがあります。そのため、古くからの沖縄の住まいには、そうした気候に合った工夫がされてきました。

暑さをしのぐために、ひさしを大きくはり出したり、間口を広くとって風通しをよくしたりしています。また、台風などの強い風をしのぐために、家の周りを石垣で囲い、屋根をしっくいで固めてかわらが飛ばないようにしています。

©OCVB

沖縄の古民家。間口を広くとって、風通しをよくしている。

屋根のかわらをしっくいで固めている。

©OCVB

石灰岩やサンゴでつくった石垣。風通しはよく、強風から家を守る役割もする。

©PIXTA

鉄筋コンクリートの家が多い

近年は、沖縄の家の多くがじょうぶな鉄筋コンクリートで建てられています。これも、台風などの被害に備えるためです。

また、川が短く水源が少ない沖縄は、昔から水不足になやまされてきました。そのため、屋根に貯水タンクを置く家が多いのも沖縄の住まいの特ちょうです。

沖縄の町並み。鉄筋コンクリート建ての住宅が目立つ。屋根の上に貯水タンクがある家も多い。

小早川渉／アフロ

旧暦を重んじる
年中行事

明治時代の初めまで使われていた古い暦を旧暦と呼びます。現在でもお盆などは旧暦に合わせて行うのが一般的です。沖縄の年中行事は旧暦にしたがって行われるものが多いのも特ちょうです。年間を通じて、ソーグヮチ（正月）、シーミー（清明祭）、ウンケー（お盆の初日）という3つの大きな行事があります。

旧暦のソーグヮチ（正月）に、仏だんにごちそうを供える家も多い。

おきなわワールド

ふだんの生活では、旧暦はほとんど使わないね。

春に行われるシーミー（清明祭）では、家族で先祖の墓参りをしてごちそうを食べる。

Cynet Photo

旧暦のお盆は、先祖の霊を家にむかえる。お盆の初日をウンケーといい、ウンケージューシー（たきこみご飯）とアーサー（海藻）のしるなどを供える。

琉球新報

自然や先祖を大事にする

沖縄には、森や木、岩などの自然に神が宿るとして、自然をうやまう考え方があります。各地に「御嶽」と呼ばれる神聖な場所があります。

また、亡くなった人は神になり、子孫を守ってくれるという考えから、先祖をうやまい、大切にする習慣が根づいています。

神道の考え方に似ているよ。

最高の御嶽とされる斎場御嶽。

©OCVB

沖縄の言葉、音楽

多彩な琉球語

　沖縄でもともと話されていた言葉は、日本の本土の言葉とは大きくちがっていました。沖縄と鹿児島県の奄美大島一帯の言葉は、琉球語、または琉球方言と呼ばれ、日本語と同じ系統、あるいは日本語の方言のひとつと考えられています。

　沖縄にはたくさんの島があり、島や地域によって、さまざまな方言があります。

那覇空港の看板。「めんそーれ」は、沖縄の言葉で「いらっしゃい」の意味。

海岸に立てられた看板。「あきさみよ〜」は、「あらまあ！」とおどろいた時の言葉。

注意
あきさみよ〜
海は子供だけで
いかんよ

©PIXTA

沖縄の言葉を覚えよう！

はいさい。
がんじゅうねー？

こんにちは。元気？

でーじ
がんじゅうよー

すごく元気だよ

にふぇーでーびる

ありがとうございます

なんくるないさー

なんとかなるよー
（思いなやまなくていい）

琉球古典音楽と民謡

　沖縄の音楽には、琉球王国時代に王宮で行われていた琉球古典音楽と、民衆が楽しんだ民謡があります。

　琉球古典音楽は、主に中国からの使者をもてなすもので、一部の人が楽しむ音楽でした。一方の民謡は、農民たちの間で親しまれた楽器の音に合わせて歌うもので、今でも多くの人に好まれています。

　沖縄の音楽には、三味線に似た三線、クーチョウなど、沖縄独特の楽器が使われます。

沖縄の民謡に欠かせない楽器、三線。

©PIXTA

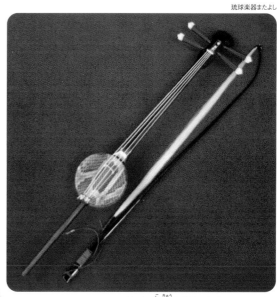

琉球楽器またよし

中国の胡弓をもとにしたクーチョウ。

朝日新聞社／Cynet Photo

民謡には、恋や仕事のことを歌ったものが多いんだ。

沖縄民謡の公演の様子。

民謡に合わせてカチャーシーをおどる

　お祝いや仲間の集まりのときに、三線の演奏に合わせて独特の身ぶりでみんながいっしょにおどることがあります。

　両手をあげて左右にふるようにしておどるこのおどりは、カチャーシーと呼ばれます。カチャーシーは、「かきまぜる」という意味で、歌やおどりにさまざまな気持ちを混ぜることからきているとされます。

陽気でにぎやかなカチャーシー。

©OCVB

沖縄の衣装、装飾、工芸品

伝統的な琉装

　沖縄で生まれた伝統的な装いを琉装といいます。琉球王国の正装として着用されていたもので、中国の冠服や日本本土の着物のえいきょうを受け、発展しました。

　女性の衣装は、色あざやかで、はなやかな印象があります。日本の着物とちがって、帯留はせず、そで口が広くゆったりしたつくりになっているため、風通しがよく、沖縄の風土にも合っています。

　男性は、太めの帯をしめ、結び目を前にします。また頭には「はちまち」という帽子をかぶります。

女性の伝統的な髪型は、「からじ結い」と呼ばれる。

©PIXTA

男女の琉装。写真は、「琉球王朝祭り首里」のもの。

那覇市

沖縄の気候に合った「かりゆしウェア」

かりゆしウェアを着た人たち。

　気温の高い沖縄の夏を快適に過ごすために、近年は「かりゆしウェア」という服装が定着しています。「かりゆしウェア」は、アメリカ・ハワイのアロハシャツにならってつくられたもので、半袖でえりが開いています。現在は、役所などでも多く着られるようになっています。「かりゆし」とは、沖縄の方言で「めでたい」という意味です。

内閣府ホームページ(https://www8.cao.go.jp/okinawa/kariyushi/kikonashi.html)

伝統的な染織物

　14〜16世紀ごろ、琉球王国が中国や東南アジアなどと交易をしていた時代に、各地から伝わった染め物や織物の技法が発展し、独自の染織物の文化ができました。染め物では、あざやかな色とがらが特ちょうの「紅型」がよく知られています。織物では、インドから伝わったといわれる「琉球かすり」、どろ染めの「久米島つむぎ」をはじめ、多くの種類があります。

©PIXTA

色とりどりできれいね。

「紅型」の着物。

©OCVB

「琉球かすり」。主に絹糸を用いる。約600種類の図柄がある。

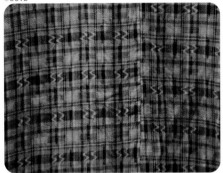

©OCVB

「久米島つむぎ」。久米島でつくられる。どろ染めの工程があり、光沢のあるしぶい色味になる。

©OCVB

「芭蕉布」。沖縄島北部の喜如嘉などでつくられる。イトバショウのせんいで糸をつくり、織られる。

江戸時代からつくられた焼き物

　昔の沖縄では、焼き物は中国などから輸入されたものが使われていました。17世紀初めの江戸時代初期に、焼き物の技法が沖縄に伝わり、独自に発展するようになりました。沖縄では焼き物のことを「やちむん」と呼びます。

　代表的な焼き物は、那覇市の壺屋を中心につくられた壺屋焼です。17世紀に琉球国王が、焼き物の技術を高めるために職人を壺屋に集めたことから発展しました。

観光客にも人気が高いよ。

やちむんの食器など。素朴で厚みのある形と力強い絵つけに特ちょうがある。

©OCVB

沖縄の行事、食文化

伝統を受けつぐ各地の行事

　沖縄島のほか、多くの島で一年を通じてさまざまな行事がもよおされます。旧暦の5月4日には、各地の漁港で、海の安全と豊漁を願って船を競い合う、ハーリーが行われます。旧暦のお盆の時期には、太鼓や歌に合わせておどりながら家々をまわるエイサーが、7〜9月には豊作を願って行う大綱引き。ほかにも石垣島のアンガマや、波照間島のムシャーマなど、その地域に根ざした独自のものも見られます。

ハーリー。サバニという伝統漁船で競走する。　那覇市

©OCVB

エイサー。太鼓や三線などの音に合わせて地域を練り歩く。

那覇市

那覇大綱挽。琉球王国時代に始まった伝統行事。

Cynet Photo

石垣島のアンガマ。おじいさん、おばあさんの面をつけた人や、楽器を持ったお供が、家々を回る先祖供養の行事。旧暦のお盆に行われる。

©OCVB

波照間島のムシャーマ。豊作と人々の幸福をもたらす神、ミルク様らの行列が町を練り歩く。旧暦のお盆の伝統行事。

健康な体を守る「命の薬」

沖縄の食文化は、琉球王国時代の各地との交流の中でえいきょうを受けながら、長く受けつがれてきました。王国時代には、外国の使節をもてなすための宮廷料理が発展しました。いっぽう庶民は、中国の「医食同源（バランスのよい食事が健康な体をつくる）」という考え方をもとに身近な材料で料理をしていました。このような食事は「命の薬」とも呼ばれます。宮廷料理と庶民の料理から沖縄の食文化がはぐくまれました。

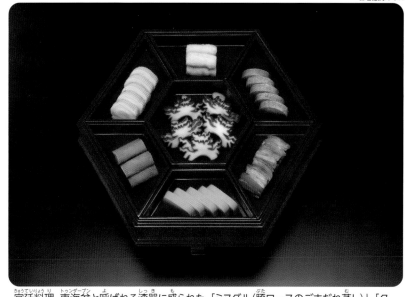

宮廷料理。東海盆と呼ばれる漆器に盛られた。「ミヌダル（豚ロースのごまだれ蒸し）」、「ターンム（田芋）の唐あげ」、「クティンプラ（小てんぷら）」、「花イカ」などの料理が並んだ。

農林水産省「うちの郷土料理」

ゴーヤチャンプル。ゴーヤ（にがうり）と豆腐、豚肉、卵などをいためたもの。

農林水産省「うちの郷土料理」

クーブイリチー。昆布（クーブ）を刻み、にんじんや豚肉などとともにいためたあと煮こむ。

©PIXTA

ラフテー。豚の三枚肉をしょうゆ、砂糖、泡盛（沖縄のしょうちゅうの一種）などで煮こんだもの。

沖縄独特の料理が多いよ。

©PIXTA

ジーマーミ豆腐。豆腐という名前だが、大豆は使わない。落花生のしぼりじるにイモくずを混ぜる。

農林水産省「うちの郷土料理」

サーターアンダーギー。小麦粉、卵、牛乳を合わせて、油であげたお菓子。

昆布をたくさん使う沖縄料理

暖かい沖縄の海では昆布がとれません。しかし、沖縄料理には、昆布がさかんに使われます。琉球王国が交易をしていたころ、北海道の昆布が運ばれ、琉球王国から清（中国）に輸出されていました。その一部が琉球王国で消費されるようになったことで、豚肉と昆布を組み合わせた料理が広まり、沖縄で昆布が多く食べられるようになりました。

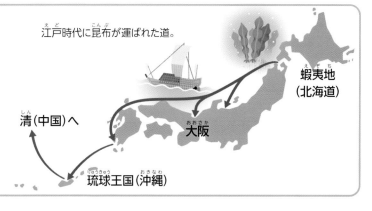

江戸時代に昆布が運ばれた道。

清（中国）へ
大阪
蝦夷地（北海道）
琉球王国（沖縄）

沖縄の産業

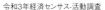

沖縄の産業の内訳

　産業は、第1次産業（農業・漁業・林業など）、第2次産業（鉱工業など）、第3次産業（サービス業など）に分けられます。現在の日本では、第3次産業の割合が最も高いのですが、沖縄では全国平均を上回る割合をしめています。その中でも特に多いのが観光業です。

　農業では、サトウキビやパイナップルなど、沖縄の気候を生かした作物の栽培が行われています。工業では食品工業、窯業がさかんです。

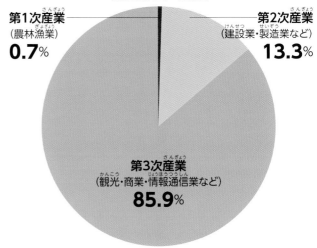

従業員の割合（令和3年）

令和3年経済センサス-活動調査

第1次産業（農林漁業）**0.7**%

第2次産業（建設業・製造業など）**13.3**%

第3次産業（観光・商業・情報通信業など）**85.9**%

最大の産業、観光業

　沖縄で最大の産業は、第3次産業の中の観光業です。美しい自然やレジャー施設、史跡などを訪れる観光客のためのホテルやレストラン、土産物屋などが観光業と関わっています。

　沖縄が日本に復帰した1972（昭和47）年には、観光客は約44万人でした。その後、道路や空港、観光施設などの整備が進み、2019（令和元）年には、約1000万人になりました。

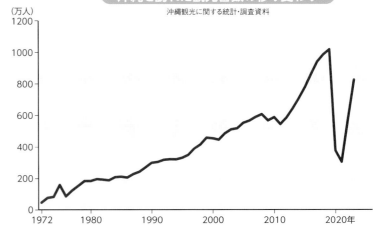

沖縄を訪れた観光客数の移り変わり

沖縄観光に関する統計・調査資料

（万人）

©OCVB

美しい海でのレジャーを目的に訪れる観光客が多い。

Cynet Photo

観光客でにぎわう首里城跡の守礼の門（那覇市）。

沖縄の農業

　沖縄では、暖かい気候に合った、サトウキビやパイナップル、ゴーヤ（にがうり）などの農作物の栽培がさかんです。また、マンゴーなどの果物のほか、キクやランなどの花も県外に出荷されています。

　夏から秋に多い台風などの被害から農作物を守るために、防風林や石垣がつくられていることもあります。

サトウキビ畑。砂糖の原料となる。

©PIXTA

Cynet Photo

台風が多いから、工夫しているんだね。

パイナップル畑。　　　　©PIXTA

畑を守る防風林がつくられている。

子牛を出荷する畜産業

　沖縄では、畜産業がさかんで、子牛の生産では全国の上位に入ります。暖かい沖縄では、牛のえさになる植物が生育しやすいことが生かされています。

　沖縄で育てられた子牛は各地に出荷され、松阪牛、近江牛などのブランド牛になります。

沖縄で育てられる子牛。　　　©PIXTA

IT産業の拠点ができる

　現代社会にはIT（情報技術）が欠かせません。近年県外の会社が沖縄にIT関連の会社をつくるケースが増えています。また、国内や海外から集まったIT関連会社の拠点として、沖縄IT津梁パークが整備されています。これからの沖縄の産業として発展が期待されています。

沖縄IT津梁パーク。　　　沖縄県企業立地推進課

33

沖縄の世界文化遺産

琉球王国時代の文化を伝える

　沖縄島の琉球王国時代の城（グスク）のあとが、2000（平成12）年12月に「琉球王国のグスク及び関連遺産群」として世界文化遺産に登録されました。

　3つに分かれていた王国が15世紀に統一されて琉球王国ができたころに築かれた城などがふくまれています。国王が住んでいた首里城は、第二次世界大戦中に焼失し、1992（平成4）年に復元されましたが、2019（令和元）年に再び焼失しました。

沖縄の世界遺産

世界文化遺産とは?
人類共有の価値ある自然や文化財としてユネスコが登録する世界遺産のうち、文化財に関係するもの。

今帰仁城跡
座喜味城跡
勝連城跡
玉陵
首里城跡
園比屋武御嶽石門
識名園
中城城跡
斎場御嶽

琉球王国の王城だった首里城

　那覇市にある首里城跡には、沖縄島を統一した琉球王国の王城として首里城が築かれ、沖縄最大の城として、約450年の間、政治、外交、文化の中心でした。

　中国建築のえいきょうを受けた建物で、全体が赤くぬられていました。首里城跡の周辺の玉陵、園比屋武御嶽石門、識名園も世界文化遺産にふくまれています。

琉球王国の王族の墓がある玉陵。
©OCVB

復元されていた首里城の正殿。
©PIXTA

識名園。琉球王国の国王の別荘だった。
©OCVB

立派な建物だね。

沖縄独特の城のあと

今帰仁城跡、座喜味城跡、勝連城跡、中城城跡は、琉球王国が統一される前の時代に築かれた城です。

これらの城のかべはいずれもサンゴがもとになった石灰岩を積み上げて築かれています。また、曲面的なつくりがとり入れられているところに、沖縄の城の特ちょうが見られます。

今帰仁城跡。城壁は長さ約1500mもある。

©OCVB

座喜味城跡。15世紀前半に、見晴らしのよいおかの上に築かれた。

©OCVB

勝連城跡。がけを利用して建設され、攻め落とすことが難しかった。

©OCVB

中城城跡。地形をじょうずに利用して築かれている。

©OCVB

沖縄最高の聖地、斎場御嶽

斎場御嶽は、聖地として琉球王国の国家的な行事が行われていた場所です。沖縄の神話に登場するアマミキヨという神がつくったといわれ、現在も人々の信仰を集めています。

斎場御嶽の三角岩。

©OCVB

日本本土の城とは様式が異なる城だよ。

35

多様性の島、沖縄

沖縄を旅した二人はどんなことを学んだのかな。ふり返ってみよう。

沖縄の自然や文化のことがよくわかったね。

めずらしいことも多くておもしろかった。

「めずらしい」って、どういうことなんだろう。

同じ日本の中でも、沖縄以外の地域とはちがうことが多いということかなあ。

亜熱帯気候

ピカーッ

沖縄固有の生き物が多い

独特の文化や風習

独特な自然が見られるのは、日本のほかの地域とは海へだてられ、はなれていたことが関係しているよ。

生き物が行き来するのは難しいよね。

かなり南にあるし…。

待てよ。…てことは。

文化のちがいも、そのせいかな?

日本や中国、アメリカなどの文化が交じっているようだったね。

そうだね。文化の多様性は、沖縄の特ちょうのひとつなんだ。

それは、地理的な原因もある。

だけど…。

ふむ

沖縄が歩んできた歴史に関わることも多いんだ。

れきし!?

沖縄が昔琉球王国だったとは聞いたけど…。

いつから今のような沖縄県になったのかなあ。

沖縄の歴史を知ると、文化の多様性や今の沖縄の問題もわかってくるはずだよ。

多様性

問題

そうなんだ!

沖縄の歴史をもっと知りたいなあ。

うん

そうだね!

よーし! 次の第2巻では、沖縄の歴史を学ぶことにしよう。

第１巻（かん）のまとめ

沖縄（おきなわ）の地理

沖縄県（おきなわ）は、日本の西南のはしに位置する。

多くの島が、広い範囲（はんい）に点在している。

最大（さいだい）の島は、県庁所在地（けんちょうしょざいち）の那覇市（なは）がある沖縄島（おきなわ）。

西表島（いりおもて）、石垣島（いしがき）、宮古島（みやこ）などの離島（りとう）が多い。

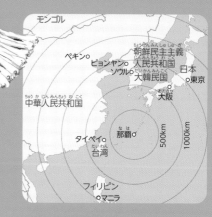

沖縄（おきなわ）の自然（しぜん）

沖縄（おきなわ）には、サンゴ礁（しょう）がつくった石灰岩（せっかい）の地形が多い。

面積（めんせき）の小さい島が多いため、川は短い。

亜熱帯気候（あねったいきこう）で、高温多湿（たしつ）。

一年を通じて暖（あたた）かい。

沖縄（おきなわ）だけにしかすんでいない固有種（こゆうしゅ）の動物が見られる。

・イリオモテヤマネコ（西表島（いりおもて））

・ヤンバルクイナ（沖縄島北部（おきなわ））

大型（おおがた）の昆虫（こんちゅう）が見られる。

・ヨナグニサン（与那国島（よなぐに））

・ヤンバルテナガコガネ（沖縄島北部（おきなわ））

独自（どくじ）の植物が見られる。

・マングローブ

・温暖（おんだん）な気候（きこう）に合った植物

ヤンバルクイナ　©PIXTA

マングローブ

沖縄（おきなわ）の文化

琉球王国（りゅうきゅう）時代の文化を受けつぐ。

日本本土と中国、東南アジア、アメリカなどの

文化のえいきょうを受けている。

台風（たいふう）の多い気候（きこう）に合わせた住まいをつくる。

日本語と同じ系統（けいとう）だが、かなり異なる言葉（こと）を使う。

染（そ）め物の「紅型（びんがた）」、焼き物（や もの）の「壺屋焼（つぼや やき）」などの工芸品（こうげいひん）がある。

豚肉（ぶたにく）、昆布（こんぶ）などを多く使った独自（どくじ）の食文化がある。

観光業（かんこうぎょう）がさかん。

よく演奏（えんそう）される三線（さんしん）

さくいん

教えて！池上彰さん

沖縄から考える戦争と平和 第1巻

沖縄はどんなところ？

監修 池上彰（いけがみ・あきら）

1950年生まれ。ジャーナリスト、名城大学教授、東京工業大学特任教授、東京大学客員教授、愛知学院大学特任教授。立教大学、信州大学、関西学院大学、順天堂大学でも講義を担当。慶應義塾大学卒業後、73年にNHK入局。94年から11年間、「週刊こどもニュース」のお父さん役として活躍。「知らないと恥をかく世界の大問題」シリーズ、『何のために伝えるのか？ 情報の正しい伝え方・受け取り方』(KADOKAWA)、『池上彰の「経済学」講義1・2』(角川文庫)など著書多数。「教えて！池上彰さん どうして戦争はなくならないの？ 地政学で見る世界」シリーズ(小峰書店)など監修も多数。

ブックデザイン　高橋コウイチ(WF)

企画・編集　　　山岸都芳(小峰書店)

編集協力　　　　大悠社

表紙イラスト　　フジタヒロミ(ビューンワークス)

イラスト　　　　すぎうらあきら

図版作成　　　　アトリエ・プラン

２０２４年４月９日　第１刷発行

監修者　　池上彰

発行者　　小峰広一郎

発行所　　株式会社 小峰書店
〒162-0066 東京都新宿区市谷台町4-15
電話 03-3357-3521　FAX 03-3357-1027
https://www.komineshoten.co.jp/

印刷　　　株式会社 三秀舎

製本　　　株式会社 松岳社

NDC389　39P　29×23cm
ISBN978-4-338-36701-1
©2024 Komineshoten Printed in Japan

参 考 文 献

●紙屋敦之『日本史リブレット43　琉球と日本・中国』(山川出版社)●高良倉吉『琉球王国』(岩波書店)●赤嶺守『琉球王国』(講談社)●豊見山和行編『日本の時代史18　琉球・沖縄史の世界』(吉川弘文館)●比嘉政夫『沖縄からアジアが見える』(吉川弘文館)●楳澤和夫『これならわかる沖縄の歴史Q&A　第2版』(大月書店)●上里隆史『マンガ　沖縄・琉球の歴史』(河出書房新社)●上里隆史監修『琉球・沖縄　もっと知りたい！　くらしや歴史』(岩崎書店)●新城俊昭『新訂　ジュニア版　琉球・沖縄史』(編集工房　東洋企画)●田名真之監修『琉球・沖縄を知る図鑑』(平凡社)●昭文社編集部編『地図で読み解く初耳秘話　沖縄のトリセツ』(昭文社)●原口泉『日本人として知っておきたい琉球・沖縄史(PHP研究所)●新城俊昭『いまこそ知りたい！沖縄が歩んだ道1〜3』(汐文社)●安斎育郎『ビジュアルブック　語り伝える沖縄　第1巻〜第5巻』(新日本出版社)